UNE
NOUVELLE CONNAISSANCE

PAR

JULIE GOURAUD

Prix : 50 centimes.

LIBRAIRIE CATHOLIQUE
PERISSE FRÈRES
Nouvelle Maison à PARIS, rue Saint-Sulpice, 38.
BOURGUET-CALAS ET Cte, SUCCESSEURS

Propriété.

UNE NOUVELLE CONNAISSANCE

TROIS ACTES

PERSONNAGES.

Laura, 18 ans.
Charlotte, 15 ans } sœurs.
Léontine, 13 ans
Fanquette, vieille servante.
Bruno, jardinier.
Patience, fille de Bruno, 8 ans.
La baronne de Saint-Victor.
Mme Liébert, tante des trois sœurs.
Un domestique.

La scène se passe dans un vieux château.

ACTE PREMIER.

SCÈNE PREMIÈRE.

LAURA, CHARLOTTE, LÉONTINE, FANQUETTE.

FANQUETTE.

Si j'avais été prévenue, mes chères maîtresses, la salle serait époussetée : c'est que, voyez-vous, il y a cinq ans passés que je n'ai eu de visiteurs, et si j'osais vous demander...

LAURA.

Je vous en épargnerai la peine, Fanquette :

nous sommes venues ici pour nous désennuyer un peu de la vie de province.

FANQUETTE.

Qu'est-ce que c'est que ça, Mam'zelle?

LAURA (*souriant*).

C'est vivre dans une ville qui n'est pas Paris; on voit toujours les mêmes gens et on entend les mêmes discours. J'aime mieux être dans un désert que dans cette ennuyeuse ville de Loches.

FANQUETTE.

Un désert! J'espère pourtant, mes belles demoiselles, que vous ne me prendrez pas pour une bête féroce?

LÉONTINE.

Non, ma bonne Fanquette, sois tranquille, nous recevrons tes soins avec reconnaissance.

LAURA (*lorgnant*).

Nous sommes assurément dans la plus vilaine pièce du château?

FANQUETTE.

Bien au contraire : c'est la plus propre. Ah! que je m'y plais! Il me semble encore voir votre mère assise près de cette fenêtre, travaillant pour ses pauvres tant que le jour durait.

CHARLOTTE.

Hélas! il n'y a pas de souvenir pour nous. Nous étions si jeunes! (*Fanquette sort en essuyant ses yeux*).

SCÈNE II.

LES PRÉCÉDENTES, excepté FANQUETTE.

LAURA.

Je crains que nous ne nous repentions d'avoir entrepris ce voyage d'agrément.

LÉONTINE.

Eh bien ! partons : ma tante sera charmée de nous voir revenir.

LAURA.

Non, je ne me dédis pas : puisque ma tante y a consenti, je veux perdre de vue cette petite ville pendant quelques semaines. Vivons un peu à notre fantaisie. Oublions le boston et le tric-trac de Loches.

CHARLOTTE.

Crois-tu que nous gagnerons au changement ?

LAURA.

Je n'en doute pas : je préfère tous les inconvénients à celui de vivre dans une maison rangée comme l'étude d'un notaire. J'en ai mal aux nerfs.

LÉONTINE.

Par bonheur, ma tante n'a pas de nerfs, et elle a pu nous supporter et nous élever, au lieu de nous mettre en pension à Paris, chez une étrangère.

CHARLOTTE.

De grâce, Léontine, pas de sermons, nous les retrouverons en temps et lieux.

LAURA (*donnant un petit soufflet à Léontine*).

Mon enfant, ne sois pas précoce en raison, cela gâte le teint.

CHARLOTTE.

Songeons un peu à organiser notre maison. L'air est vif ici; n'est-il pas l'heure de déjeuner, Fanquette?

SCÈNE III.

LES PRÉCÉDENTES, FANQUETTE.

LAURA.

Fanquette, ma bonne femme, qu'avez-vous à nous offrir pour déjeuner?

FANQUETTE.

Du lait chaud, des œufs clairs comme le jour. Tout est prêt.

CHARLOTTE.

Je le crois. Mais, Fanquette, nous ne sommes pas des bergères; il nous faut un déjeuner plus solide.

FANQUETTE.

Alors ce sera pour demain, parce que Bruno et la bête ne pourront aller au village que sur le tard.

CHARLOTTE.

Voilà une belle découverte !

LAURA.

Ma chère, j'aime encore mieux cela que d'être à Loches.

LÉONTINE (*avec un grand sérieux*).

Il y a des côtelettes à Loches.

CHARLOTTE.

Fi ! la gourmande !

LAURA.

C'est honteux : est-il, au fait, rien de plus charmant que la vie champêtre ? Allons, allons déjeuner. (*Laura et Charlotte sortent.*)

SCÈNE IV.

LÉONTINE, FANQUETTE.

(*Fanquette regarde sortir Laura, puis elle se retourne vers Léontine.*

Eh bien ! mon enfant, allez donc déjeuner.

LÉONTINE.

J'ai le temps : malgré mon goût très prononcé pour les côtelettes, je n'en ai pas moins de cœur, et je veux te dire, Fanquette, combien je suis triste de savoir ma tante seule, dans cette grande maison de province, comme dit Laura.

FANQUETTE.

Le fait est, mam'zelle Léontine, que moi, qui

ne suis qu'une personne de campagne, je trouve un petit peu drôle que vous soyez tombées ici, comme trois bombes.

LÉONTINE.

Que veux-tu ! C'est une fantaisie dont mes sœurs ne tarderont pas à se repentir. Ma tante est trop bonne, elle cède à tous les caprices de Laura. Si ce n'est pourtant qu'elle ne veut pas à aller Paris.

FANQUETTE.

Quel malheur que vous ne soyez pas l'aînée !

SCÈNE V.

LES PRÉCÉDENTES, LAURA, CHARLOTTE.

LAURA.

L'excellent déjeuner ! Tu avais raison, Fanquette, il n'y rien de mieux. Nous avons fait honneur à ton repas frugal, pendant que Léontine se livrait au charme de la conversation.

LÉONTINE.

J'ai voulu renouveler connaissance avec Fanquette. Maintenant, faute de poulets rôtis...

LAURA.

Tais-toi, espiègle. (*Léontine sort.*)

SCÈNE VI.

LES PRÉCÉDENTES, excepté LÉONTINE.

LAURA.

C'est fastidieux de s'occuper de tous ces détails de ménage ! Toutefois, Fanquette, parlons sérieusement du dîner. De quoi êtes-vous capable ?

FANQUETTE.

De pas grand'chose, hélas ! N'est-ce pas, on mange pour soi, comme ça un petit brin.

CHARLOTTE.

Que saviez-vous faire autrefois ?

FANQUETTE.

Dame ! une poule au pot, comme dans le bon vieux temps. Mais au fait, nous n'avons pas de poule !

LAURA (*avec impatience*).

Écoutez, Fanquette, je ne veux pas passer la journée à entendre l'énumération des talents que vous n'avez pas ; ma tante m'a dit que vous nous serviriez ; il faut, ma bonne femme, nous servir. Ayez un bon dîner pour cinq heures. Adieu.

(*Elles sortent. Léontine rentre.*)

SCÈNE VII.

FANQUETTE, LÉONTINE.

FANQUETTE.

Un bon dîner ! C'est bien aisé à dire ! Encore

si je n'avais pas ces soixante-cinq ans à porter sur mon dos! C'est que ça pèse, mam'zelle Léontine.

LÉONTINE.

Je le crois, car tout le monde le dit. Mes sœurs te mettent dans un grand embarras. Écoute, Fanquette, le poids de mes années est fort léger; mes jambes sont comme celles d'une biche, fais-moi donc trotter comme il faut; puisque je n'ai plus ma bonne tante à servir, je te servirai.

FANQUETTE.

Y pensez-vous?

LÉONTINE (*d'un air digne*).

Fanquette, je pense avant de parler. Mon idée est excellente Allons, Fanquette, fais de moi une bonne ménagère. A l'ouvrage. Donne-moi un tablier blanc, il m'inspirera tout en me donnant de l'importance à mes propres yeux.

FANQUETTE.

Tenez, il faut que je vous embrasse, vous êtes trop gentille! (*Elle l'embrasse.*) Oui, je ferai un bon dîner, quand ce ne serait que pour vous. (*Elle sort.*)

SCENE VIII.

LÉONTINE (*seule*).

Pauvre vieille! A son âge travailler encore! Certes, je veux l'aider. Si je pouvais oublier que ma tante n'a pas sa Léontine près d'elle, cette vie de campagne m'amuserait beaucoup. Quel beau temps ! Que de fleurs ! Quand j'aurai fini mon service, je ferai des guirlandes et des bouquets pour mes sœurs ; elles croiront aller au bal. Mais à l'ouvrage. Il s'agit d'une dînette en grand ! (*Elle sort en courant.*)

ACTE II.

SCÈNE PREMIÈRE.

LÉONTINE, BRUNO.

LÉONTINE (*cachetant une lettre*).

Voici ma lettre finie. C'est bien commencer la journée. Qui sait ? Peut-être ma tante se rendra-t-elle à mes désirs.

BRUNO.

Mam'zelle, me voici.

LÉONTINE.

Bien, mon ami. Fanquette va vous donner des commissions pour le bourg ; mais avant tout, mettez cette lettre à la poste. Ne la perdez pas !

BRUNO.

N'ayez pas peur. J'en ai gardé une trois semaines dans ma poche.

LÉONTINE (*effrayée*).

Si vous croyez me rassurer, Bruno !...

BRUNO.

C'est pour dire, Mam'zelle, que rien ne se

perd avec moi, et que j'ai une bonne mémoire.

LÉONTINE.

Je vais attacher ma lettre à votre blouse, c'est le meilleur moyen d'y penser.

BRUNO.

Aie ! aie ! Surtout si l'épingle tient à la peau.

LÉONTINE.

Ce n'est rien, allez vite.

SCÈNE II.

LÉONTINE, PATIENCE.

(*Patience ayant un panier au bras. Elle avance timidement dans la salle.*)

LÉONTINE.

Entre, petite ; que veux-tu ?

PATIENCE (*Elle va vers Léontine*).

Rien, je regarde.

LÉONTINE.

Es-tu sage ?

PATIENCE.

Oui.

LÉONTINE.

Embrasse-moi. (*Patience l'embrasse.*)

LÉONTINE.

Où vas-tu ?

PATIENCE (*soupirant*).

A l'école.

LÉONTINE.

Comme tu dis ça tristement ! Tu ne veux donc pas apprendre à lire ?

PATIENCE.

Si, si, Mam'zelle ! pour lire de belles histoires du bon Dieu. Mais l'école c'est tout là-bas, et j'ai peur dans le bois.

LÉONTINE (*passant sa main sur la tête de l'enfant*).

Eh bien ! Patience, je veux être ta maîtresse d'école : tu viendras ici tous les jours ; ce n'est pas loin de chez toi ?

PATIENCE (*avec conviction*).

Ce n'est pas loin, c'est tout près !

LÉONTINE.

Quand tu auras bien lu, je te donnerai une tartine de miel.

PATIENCE (*battant des mains*).

Que c'est bon ! Dame ! je tâcherai d'en avoir tous les jours.

LÉONTINE.

Tu feras bien.

SCÈNE III.

LES PRÉCÉDENTES, BRUNO.

LÉONTINE.

Vous n'êtes pas encore parti, Bruno ?

BRUNO.

Pardon, Mam'zelle, mais v'là l'histoire : comme je quittais le bois pour gagner la route, j'ai trouvé un carrosse en plan, une dame âgée en est descendue et m'a demandé si je connaissais une auberge. Je lui ai dit que non.

LÉONTINE.

Comment, Bruno, n'avez-vous pas indiqué la maison à cette dame ? Courez vite.

BRUNO.

Inutile, Mam'zelle, je lui ai dit que j'étais le jardinier du château, et elle va vous arriver à l'instant.

LÉONTINE.

Où est ma lettre ?

BRUNO.

Le domestique de la dame s'en est chargé. Mais que fait Patience ici?

LÉONTINE.

Patience m'accepte pour sa maîtresse d'école, Quand elle aura fini sa leçon, Fanquette l'initiera aux secrets du ménage.

BRUNO.

Une belle emplète !

LÉONTINE.

Je suis juge de cela, Bruno.

BRUNO.

Ben entendu, et de reste, mam'zelle Léontine;

LÉONTINE.

Va déjeuner, mon enfant. (*Patience sort.*)

SCENE IV.

LES PRÉCÉDENTES, excepté PATIENCE.

LÉONTINE (*à Bruno*).

Savez-vous comment se nomme cette dame?

BRUNO.

J'ai bien eu l'esprit de le demander au domestique. C'est Mme la baronne de Saint... Saint... Saint-Victor... Tenez, la voici (*Bruno sort*).

SCÈNE V.

LÉONTINE, LA BARONNE DE SAINT-VICTOR, FANQUETTE.

(*La baronne de Saint-Victor porte des lunettes, une perruque blonde, et boite légèrement.*)

FANQUETTE.

Mademoiselle, voici Madame, qui se trouve arrêtée en chemin, faute de roues.

LÉONTINE (*saluant respectueusement*).

Mes sœurs et moi, Madame, nous serons bien heureuses que vous acceptiez notre hospitalité.

MADAME DE SAINT-VICTOR.

Votre accueil, Mademoiselle, a déjà effacé l'impression du choc que la maladresse de mon cocher m'a causée.

LÉONTINE.

Seriez-vous blessée, Madame?

MADAME DE SAINT-VICTOR.

Pas du tout : cependant je sens que quelques moments de repos me seront nécessaires.

LÉONTINE.

Je vais aller donner un coup d'œil à votre appartement. Fanquette, sers à Madame tout ce qu'elle peut désirer. (*Léontine sort.*)

SCÈNE VI.

MADAME DE SAINT-VICTOR, FANQUETTE.

MADAME DE SAINT-VICTOR (*regardant autour d'elle*).

Hâte-toi, Fanquette, de reconnaître ta maîtresse.

FANQUETTE.

Madame ! Et pourquoi ce déguisement?

MADAME DE SAINT-VICTOR.

J'ai voulu voir ce qui se passerait ici. Eh bien ! Laura, est-elle plus heureuse ici qu'à la ville? Parle, comment mes nièces passent-elles leur temps?

FANQUETTE.

J'en ai la parole toute saisie... Pardon, ma chère maîtresse, quelle joie de vous revoir !... Mais ce déguisement m'ennuie.

MADAME DE SAINT-VICTOR.

Il ne durera qu'un temps. Il est utile à mes projets autant que ta discrétion.

FANQUETTE.

Madame la connaît.

MADAME DE SAINT-VICTOR.

Dis-moi donc comment Laura se plaît dans cette solitude.

FANQUETTE.

Elle ne dit rien ; mais il est clair que notre vieux manoir lui fournit peu de distraction.

MADAME DE SAINT-VICTOR.

Je veux me présenter à mes nièces en étrangère. J'ai des raisons pour agir ainsi. Observe-toi.

FANQUETTE.

J'aurai soin de me cacher, car la joie est une grande bavarde.

MADAME DE SAINT-VICTOR.

Voici Léontine.

FANQUETTE.

Une enfant accomplie.

MADAME DE SAINT-VICTOR.

Chut!

SCÈNE VII.

LES PRÉCÉDENTES, LÉONTINE.

LÉONTINE.

Tout est prêt, Madame, permettez-moi de vous offrir mon bras.

MADAME DE SAINT-VICTOR.

Volontiers, Mademoiselle. (*Elles sortent ensemble, Fanquette les suit.*)

ACTE III.

SCÈNE PREMIÈRE.

LAURA, CHARLOTTE.

LAURA.

Depuis huit heures, je n'ai pu fermer l'œil. Quel tapage !

CHARLOTTE.

On ne voit ni Léontine ni Fanquette ; tout me semble étrange ce matin.

LAURA.

Informons-nous : Fanquette, Fanquette !

SCÈNE II.

LES PRÉCÉDENTES, FANQUETTE.

LAURA.

Que se passe-t-il donc ?

FANQUETTE.

Il vous est arrivé de la compagnie.

LAURA ET CHARLOTTE (ensemble).

Vraiment ! Qui donc ?

FANQUETTE.

Une baronne.

LAURA.

Quel bonheur ! J'adore les gens titrés. Raconte, Fanquette, et tâche d'aller vite.

FANQUETTE.

L'histoire n'est pas longue. La baronne de Saint-Victor passait sur la route, sa voiture s'est cassée ; alors la chère dame s'est trouvée à pied, et Bruno l'a conduite ici.

CHARLOTTE.

Je suis ravie de l'aventure : la solitude n'est pas de mon goût. (Fanquette s'en allant.)

LAURA.

Écoutez donc, Fanquette.

FANQUETTE.

Impossible, l'ouvrage presse.

SCÈNE III.

LAURA, CHARLOTTE, LÉONTINE.

LAURA.

Voici Léontine, elle va nous mettre au courant

de ce qui se passe : bonjour, petite sœur, le soleil était-il beau à son lever ?

LÉONTINE.

Magnifique ; je vous ai regrettées ; j'ai même manqué d'aller vous éveiller.

CHARLOTTE.

Tu as bien fait de nous priver de ce plaisir. Nous préférons le soleil couchant.

LAURA.

Il ne s'agit ni du levant ni du couchant, mais de savoir quelle est cette dame qui vient d'arriver.

LÉONTINE.

Elle me paraît très aimable, et vous en jugerez bientôt. Peut-être verrons-nous arriver ma tante ; je lui ai écrit que nous nous ennuyions beaucoup, et qu'il faut qu'elle vienne nous faire visite.

CHARLOTTE.

De quoi te mêles-tu ?

LÉONTINE.

N'est-ce pas tout simple d'écrire à ma tante ?

LAURA.

Crois-tu que ma tante fera vingt lieues pour avoir le bonheur de nous voir ? Elle sait que ce bonheur ne lui échappera pas.

CHARLOTTE.

J'entends quelqu'un !

LÉONTINE.

C'est Mme de Saint-Victor.

SCÈNE IV.

LES PRÉCÉDENTES, LA BARONNE DE SAINT-VICTOR.

LÉONTINE (*se dirige vers la baronne*).

Voici, Madame, mes sœurs aînées.

(*Louise et Charlotte saluent.*)

MADAME DE SAINT-VICTOR.

Me pardonnez-vous, Mesdemoiselles, de venir troubler votre solitude?

LAURA.

A notre âge, Madame, on n'aime la solitude que de nom. La plus courte expérience nous la montre dans toute sa sévérité.

MADAME DE SAINT-VICTOR.

Sans doute des motifs sérieux, et peut-être fort tristes, vous forcent à cet isolement.

LAURA.

Il est vrai que nous sommes orphelines.

MADAME DE SAINT-VICTOR.

Sans parents! sans amis!

LAURA.

Pardon, Madame, la sœur de mon père nous a tenu lieu de mère, et dans quelques jours nous irons la rejoindre.

MADAME DE SAINT-VICTOR.

Je m'en réjouis pour elle et pour vous.

LAURA.

Son absence m'est bien difficile à supporter ! (C'est-à-dire que je suis ravie de faire toutes mes volontés.)

MADAME DE SAINT-VICTOR (*d'un air surpris*).

Cela se conçoit, il y a des vieillards à l'humeur difficile.

LÉONTINE.

Madame, ma tante est aussi bonne qu'aimable.

MADAME DE SAINT-VICTOR.

Peut-être, Mademoiselle, avez-vous un goût particulier pour la campagne ?

LAURA.

Je l'aime passionnément. (C'est-à-dire que je m'y ennuie beaucoup.)

CHARLOTTE (*bas à Laura*).

Es-tu folle ?

MADAME DE SAINT-VICTOR.

Quoi que vous en disiez, Mademoiselle, j'ai la meilleure opinion de vous et de vos sœurs. Je suis persuadée que vous tirez bon parti de votre solitude passagère.

LAURA.

Nous travaillons beaucoup... c'est-à-dire... je ne fais rien du tout.

MADAME DE SAINT-VICTOR (*continue tranquillement*).

Je regrette que mes jambes me privent de la promenade. Cette propriété est-elle grande ?

LAURA.

Immense, Madame la baronne... c'est-à-dire... trente hectares... O ma conscience, te tairas-tu ?

(*Mme de Saint-Victor se mouche fortement pour dissimuler une envie de rire.*

CHARLOTTE (*bas à Léontine*).

Parle donc, Laura perd l'esprit.

LÉONTINE.

Si vous vouliez sortir en voiture, Madame, nous avons un modeste équipage.

MADAME DE SAINT-VICTOR.

Très volontiers, mon enfant.

LAURA.

Je vais commander l'équipage... c'est-à-dire... le vieux cabriolet, cocote la borgne... et Bruno conduira.

MADAME DE SAINT-VICTOR.

Je serai charmée de voir le pays. Je vais me préparer, sans tarder davantage. (*Elle sort avec Léontine.*)

SCÈNE V.

CHARLOTTE, LAURA.

CHARLOTTE.

Explique-toi : que signifient ces aveux à une étrangère ? Pourquoi te vanter d'un mérite que tu n'as pas, et te rétracter immédiatement ! Madame de Saint-Victor doit te croire folle!

LAURA.

Je suis aussi surprise que toi-même de ma conduite. Je ne peux me l'expliquer. Le regard de cette femme me magnétise.

CHARLOTTE.

Pourquoi la regardes-tu !

LAURA.

C'est irrésistible. Que cette femme me plaît ! Quel bon ton ! quelle grâce ! que d'esprit. Je veux faire mon amie de la baronne.

CHARLOTTE.

Voilà une nouvelle fantaisie. Tu trouves ma tante trop âgée et tu te prends d'inclination pour une personne qui a au moins dix ans plus qu'elle.

LAURA.

Charlotte, je rends justice à ma tante; mais vois-tu, en famille, l'esprit le plus distingué perd son charme : il faut un peu d'étranger.

CHARLOTTE.

La belle doctrine!

SCENE VI.

LES PRÉCÉDENTES, BRUNO.

LAURA.

Eh bien! Bruno, la voiture est-elle prête?

BRUNO.

Oui, Mam'zelle, mais la bête est déferrée des quatre pieds.

CHARLOTTE.

Il faut que la voiture roule toute seule.

LAURA.

Quelle humiliation! Bruno, vous êtes insupportable.

BRUNO.

On ne me l'a jamais dit, toujours!

CHARLOTTE.

Tâchez, mon ami, que cela n'arrive plus.

BRUNO (*entre les dents*).

Je serai bien fin si j'empêche ça. (*Il sort.*)

SCENE VII.

LAURA, CHARLOTTE.

LAURA.

Que vais-je dire à la baronne?

CHARLOTTE.

La vérité : c'est tout à fait le cas. Prépare ton discours.

LAURA.

Tu ne me comprends pas, ma sœur.

CHARLOTTE.

J'en conviens.

SCENE VIII.

LES PRÉCÉDENTES, LA BARONNE, LÉONTINE.

LAURA.

Notre équipage n'est pas en état de nous servir aujourd'hui, Madame. Quel dommage de rester enfermée par un si beau temps !

MADAME DE SAINT-VICTOR.

Je m'en console, Mesdemoiselles, puisque je ne vous quitte pas. Prenons nos ouvrages, c'est toujours une ressource fort agréable, pour nous autres femmes.

LAURA.

Vous avez les goûts de ma tante.

MADAME DE SAINT-VICTOR (*s'asseyant près d'une table*).

N'est-ce pas le vôtre, Mademoiselle ?

LAURA.

Sans doute... mais je n'ai rien en train dans ce moment.

CHARLOTTE.

Je vais profiter de la circonstance pour achever mon col.

LÉONTINE.

Et moi, je vais prier Madame de me montrer à faire le talon de mon bas.

LAURA.

Je ne souffrirai pas que tu importunes Madame la baronne avec ton talon, petite indiscrète.

MADAME DE SAINT-VICTOR.

Pardon : j'aime à voir aux jeunes filles le désir d'apprendre, et comme je suis passée maîtresse dans l'art du tricot, j'accepte ma petite amie pour élève.

LAURA.

Que vous êtes bonne, Madame! Je fais des vœux pour que le charron ne vous rende pas votre voiture de sitôt.

MADAME DE SAINT-VICTOR.

Je trouverais mon compte en me rendant à vos désirs ; mais un plus long délai pourrait inquiéter ceux qui m'attendent.

LAURA.

Promettez-nous au moins de venir nous voir à Loches ; je suis sûre que ma tante sera charmée de faire votre connaissance.

LÉONTINE.

Vous verrez, Madame, comme elle est bonne!

MADAME DE SAINT-VICTOR.

Vous l'aimez donc bien, cette vieille tante?

LÉONTINE.

De tout mon cœur. Je voudrais déjà être de retour à la ville, quoique la campagne soit bien loin, pourtant!

SCÈNE IX.

LES PRÉCÉDENTES, UN DOMESTIQUE.

LE DOMESTIQUE.

La voiture de Madame est attelée.

CHARLOTTE.

Déjà! Quelle mauvaise nouvelle!

MADAME DE SAINT-VICTOR.

Hélas! il faut partir. (*Elle se lève et range son ouvrage.*) Quel agréable souvenir j'emporte de votre hospitalité, mes jeunes amies!

LAURA.

Nous sommes inconsolables de vous quitter.

MADAME DE SAINT-VICTOR (*souriant*).

Il faut vous consoler. Adieu, au revoir; je tiendrai ma promesse, et très prochainement.

(*La baronne sort, les jeunes personnes la reconduisent avec politesse.*)

SCÈNE X.

LAURA, CHARLOTTE, LÉONTINE.

CHARLOTTE.

Ma sœur, je n'approuve pas ta conduite : en nous permettant de venir ici, ma tante ne nous a pas autorisées à faire des invitations; je rends justice à Mme de Saint-Victor, et cependant je suis enchantée qu'elle ait refusé ton invitation.

LAURA.

A mon âge, on peut faire une politesse. Ma tante n'y trouverait rien à dire... D'ailleurs, j'adore la baronne, je voudrais ne jamais la quitter.

LÉONTINE.

Voilà une nouvelle passion!

SCÈNE XI.

LES PRÉCÉDENTES, MADAME LIÉBERT, FANQUETTE.

MADAME LIÉBERT.

Je t'assure, Fanquette, que mes nièces ne m'en voudront pas de les surprendre ainsi.

LES TROIS SOEURS.

Ma tante! (*Léontine lui saute au cou.*)

FANQUETTE.

Qu'en dites-vous, Mesdemoiselles, en voilà une bonne!

LAURA.

Est-ce un rêve?

MADAME LIÉBERT.

Non, ma chère Laura; j'ai été si touchée de ton hospitalité, que je n'ai pu souffrir qu'une étrangère en eût l'hommage plus longtemps.

LAURA.

Comment, ma tante, vous auriez...

MADAME LIÉBERT.

Oui, j'ai voulu voir ce qui se passait ici, et je m'estime heureuse d'avoir prouvé à ma chère Laura, sans beaucoup de frais, qu'on cherche souvent bien loin ce qu'on possède chez soi.

LAURA.

Je suis confuse.

MADAME LIÉBERT.

Ce travers n'est que trop commun. Il faut bien le supporter dans la société, mais j'ai voulu essayer de t'en faire sentir le ridicule.

LAURA.

Ma bonne tante, me pardonnez-vous mon ingratitude?

MADAME LIÉBERT.

Je t'aime avec le cœur d'une mère.

LAURA.

Eh bien! je ne change pas d'avis: ne nous séparons jamais.

LÉONTINE.

C'était bien la peine de faire vingt lieues, quand on était tout rendu pour être heureux !

CHARLOTTE.

Ne te plains pas, Léontine : tu as eu les honneurs de la campagne.

FANQUETTE.

M'est avis que nous avons tous gagné à l'aventure.

LAURA.

Nulle autant que moi : mon cœur sent ce que mon esprit aveuglé n'avait pu comprendre : nous n'avons pas d'amis plus tendres et plus dévoués que nos parents.

PARIS. — IMPRIMERIE F. LEVÉ, R. DE CASSETTE, 17.

www.ingramcontent.com/pod-product-compliance
Lightning Source LLC
Chambersburg PA
CBHW060620050426
42451CB00012B/2344